BRIAN GAGG

AF175301

DAS
FELDHOCKEY
WORTSUCHRÄTSEL BUCH

Bibliografische Information der Deutschen Nationalbibliothek:
Die Deutsche Nationalbibliothek verzeichnet diese Publikation in der Deutschen
Nationalbibliografie; detaillierte bibliografische
Daten sind im Internet über http://dnb.dnb.de abrufbar.

© 2021 Brian Gagg; 1. Auflage
Herstellung und Verlag: BoD – Books on Demand, Norderstedt
ISBN: 9783754351260

Einleitung

Auf den folgenden Seiten finden sich thematisch sortierte Wortsuchrätsel.

Um ein Wortsuchrätsel zu lösen, müssen alle jeweils aufgelisteten Worte in der darüber befindlichen Buchstabenmatrix gefunden werden. Ist ein Wort gefunden, sollte es mit einem Stift umkreist und das gefundene Wort aus der Liste gestrichen werden. Sind alle Worte aus der Liste gefunden, ist das Rätsel gelöst. Bei Schwierigkeiten ein Rätsel zu lösen, kann die Lösung jeweils auf der Rückseite nachgeschaut werden. Die zu findenden Worte sind jeweils als ganzes (d.h. immer nur in einer Richtung und ungebrochen) in der Matrix nach folgenden Regeln versteckt:

- Suchworte können sich überlagern, d.h. ein Buchstabenkästchen kann von mehreren Suchworten genutzt sein.

- Worte können vorwärts, rückwärts, horizontal, vertikal oder diagonal in der Matrix versteckt sein.

- Suchworte stehen für sich alleine und sind unter- oder nebeneinander aufgelistet.

U	G	U	A	J	B	Z	Y	U	W	W	X	M	X	O	O	E	Q	V
P	G	S	S	E	N	T	I	F	B	W	P	S	M	E	V	C	H
E	Z	C	B	U	W	S	N	X	A	A	G	X	G	V	K	Q	A	N
E	Z	F	D	Y	O	W	N	C	E	S	D	J	V	Y	D	I	Q	G
S	U	D	Z	T	W	U	K	B	U	A	M	S	O	J	F	U	D	T
J	K	C	N	W	K	S	O	U	E	N	K	Q	E	R	L	P	S	S
J	L	W	P	P	T	W	B	I	S	T	M	P	E	X	M	V	I	P
I	E	U	O	I	T	U	D	C	J	Y	B	I	A	A	Q	S	Z	I
V	I	W	C	F	W	X	H	B	G	I	S	C	S	B	C	W	E	E
F	N	K	K	W	Y	I	Y	A	X	C	L	T	F	H	N	Y	M	L
Z	F	F	X	F	E	S	D	U	H	C	E	Y	L	M	N	Y	V	F
M	E	T	X	N	N	V	M	L	K	R	D	A	K	A	I	X	I	E
O	L	P	E	Z	X	G	A	T	S	Q	G	N	P	M	B	Y	Q	L
T	D	N	Z	U	K	G	X	Y	V	T	F	S	O	C	G	J	H	D
X	K	R	L	K	W	K	Q	C	F	J	Y	O	F	L	F	H	T	A
I	W	J	O	Q	A	Q	L	T	A	C	H	H	Q	U	D	U	L	D
A	R	K	T	Y	U	D	L	W	G	R	Z	D	F	J	I	Y	Z	J
L	G	C	V	L	Q	S	U	M	J	G	M	K	Y	F	R	N	L	C
I	S	I	Y	F	P	J	E	R	K	B	R	S	K	A	P	A	E	S
N	N	M	X	I	L	S	F	J	X	E	K	G	F	K	H	Q	V	I
P	S	T	E	O	X	D	V	S	S	A	P	T	S	B	L	E	S	J
E	F	L	B	A	D	N	U	Z	D	Q	Q	M	D	D	S	V	L	M
G	E	U	Z	O	V	A	Q	Z	S	D	L	A	B	C	E	U	Q	W
R	F	C	O	S	K	D	Q	B	O	G	H	Q	X	S	B	O	B	R

1

SCHLAG
SCHIENEN
MASTERS
SPIELER
BACKSTICK

SELBSTPASS
SPIELFELD
KLEINFELD
FITNESS
FREISCHLAG

Lösung

```
U  G  U  A  J  B  Z  Y  U  W  W  X  M  X  O  O  E  Q  V
P  G  S  S  S  E  N  T  I  F  B  W  P  S  M  E  V  C  H
E  Z  C  B  U  W  S  N  X  A  A  G  X  G  V  K  Q  A  N
E  Z  F  D  Y  O  W  N  C  E  S  D  J  V  Y  D  I  Q  G
S  U  D  Z  T  W  U  K  B  U  A  M  S  O  J  F  U  D  T
J  K  C  N  W  K  S  O  U  E  N  K  Q  E  R  L  P  S  S
J  L  W  P  P  T  W  B  I  S  T  M  P  E  X  M  V  I  P
I  E  U  O  I  T  U  D  C  J  Y  B  I  A  A  Q  S  Z  I
V  I  W  C  F  W  X  H  B  G  I  S  C  S  B  C  W  E  E
F  N  K  K  W  Y  I  Y  A  X  C  L  T  F  H  N  Y  M  L
Z  F  F  X  F  E  S  D  U  H  C  E  Y  L  M  N  Y  V  F
M  E  T  X  N  N  V  M  L  K  R  D  A  K  A  I  X  I  E
O  L  P  E  Z  X  G  A  T  S  Q  G  N  P  M  B  Y  Q  L
T  D  N  Z  U  K  G  X  Y  V  T  F  S  O  C  G  J  H  D
X  K  R  L  K  W  K  Q  C  F  J  Y  O  F  L  F  H  T  A
I  W  J  O  Q  A  Q  L  T  A  C  H  H  Q  U  D  U  L  D
A  R  K  T  Y  U  D  L  W  G  R  Z  D  F  J  I  Y  Z  J
L  G  C  V  L  Q  S  U  M  J  G  M  K  Y  F  R  N  L  C
I  S  I  Y  F  P  J  E  R  K  B  R  S  K  A  P  A  E  S
N  N  M  X  I  L  S  F  J  X  E  K  G  F  K  H  Q  V  I
P  S  T  E  O  X  D  V  S  S  A  P  T  S  B  L  E  S  J
E  F  L  B  A  D  N  U  Z  D  Q  Q  M  D  D  S  V  L  M
G  E  U  Z  O  V  A  Q  Z  S  D  L  A  B  C  E  U  Q  W
R  F  C  O  S  K  D  Q  B  O  G  H  Q  X  S  B  O  B  R
```

```
Z E I T S P I E L W Z E G N F O T F A
M U K C H R X O O C T W M W J W M U E
C E U V D K I M W H D G H H V H I Z X
J A U Q K L Y C M L V N F B Q P F O X
F Q J P S I M O U C U I W N X N G I G
Q C K P B E J T B A M N P E I N D U H
G P M M R T Y C U C R I C U R U B H W
E K I M I R F J F L N A A M A M L G S
G N J W V O G I S B O R L B L W G R X
E W Z S Z V G U K E S T E Z H G W G Y
N V R L B D U C S O E S X Y H H G B C
S F S U S P I E L A U S S C H L U S S
P K S O S H F N C U C E H K A P Z P U
I L Q F H H Z W V R B N T D V F H G T
E U F R G Q J X U A Q T A Z R A E C H
L F J E N H E B F Y M I B E S I I J U
E L I M O I V P O P M F S R E L M E Z
R U W R T K A C G A A N T G U U V I H
M P J E C K S V L Y S O A C E N E Y W
I F A U Y F T M G G Q L N J E E R P I
H E N T X O O P O H Q Y D C U K E P X
I R C S E J E V H L J T V C M C I S L
A V J H P D G X H P N U M Y R A N G J
F U X S K O Y Y C L A M F P U H O C M
```

2

SPIELAUSSCHLUSS   ABSTAND

FITNESSTRAINING   GEGENSPIELER

HACKEN   VORTEIL

LUPFER   STUERMERFOUL

HEIMVEREIN   ZEITSPIEL

Lösung

Z	E	I	T	S	P	I	E	L	W	Z	E	G	N	F	O	T	F	A
M	U	K	C	H	R	X	O	O	C	T	W	M	W	J	W	M	U	E
C	E	U	V	D	K	I	M	W	H	D	G	H	H	V	H	I	Z	X
J	A	U	Q	K	L	Y	C	M	L	V	N	F	B	Q	P	F	O	X
F	Q	J	P	S	I	M	O	U	C	U	I	W	N	X	N	G	I	G
Q	C	K	P	B	E	J	T	B	A	M	N	P	E	I	N	D	U	H
G	P	M	M	R	T	Y	C	U	C	R	I	C	U	R	U	B	H	W
E	K	I	M	I	R	F	J	F	L	N	A	A	M	A	M	L	G	S
G	N	J	W	V	O	G	I	S	B	O	R	L	B	L	W	G	R	X
E	W	Z	S	Z	V	G	U	K	E	S	T	E	Z	H	G	W	G	Y
N	V	R	L	B	D	U	C	S	O	E	S	X	Y	H	H	G	B	C
S	F	S	U	S	P	I	E	L	A	U	S	S	C	H	L	U	S	S
P	K	S	O	S	H	F	N	C	U	C	E	H	K	A	P	Z	P	U
I	L	Q	F	H	H	Z	W	V	R	B	N	T	D	V	F	H	G	T
E	U	F	R	G	Q	J	X	U	A	Q	T	A	Z	R	A	E	C	H
L	F	J	E	N	H	E	B	F	Y	M	I	B	E	S	I	I	J	U
E	L	I	M	O	I	V	P	O	P	M	F	S	R	E	L	M	E	Z
R	U	W	R	T	K	A	C	G	A	A	N	T	G	U	U	V	I	H
M	P	J	E	C	K	S	V	L	Y	S	O	A	C	E	N	E	Y	W
I	F	A	U	Y	F	T	M	G	G	Q	L	N	J	E	E	R	P	I
H	E	N	T	X	O	O	P	O	H	Q	Y	D	C	U	K	E	P	X
I	R	C	S	E	J	E	V	H	L	J	T	V	C	M	C	I	S	L
A	V	J	H	P	D	G	X	H	P	N	U	M	Y	R	A	N	G	J
F	U	X	S	K	O	Y	Y	C	L	A	M	F	P	U	H	O	C	M

O M V A N X Q H F W W K U A H T E B U
G F E D R E H C A M L E I P S S R W V
X G Y T B C A K R M O I G Q H L E P O
M A G V E L D M J E P K C V W X C G L
F L N F C G M C Y N H Q I X O U W T T
R H F T P B U S E W S E E H C F D D A
U C N F O O R E V H W H T T W T V I O
E S A S C H U S S K R E I S L C T K E
C B P Y O T R D F F T Z R A N S X B D
K A J V F H V F I R V D N D V E V A H
H I N S T T A Z C L S G M T Q Z K N D
A R B F T N P X W X E K W Q G Q N C A
N P L R G O G I T E Z J S T I V W L E
D D C R S V P H C K O H H I K P Z T V
S K I T M R C K Q O C Z Y W D J Q M Z
B F G C I E E F Y U P U T G G H J Q D
F Y H M R I H J R Q M U A V L A M L O
Z L T K O N U B D E V H J U F J I O Y
N C C Q C Q B I Z B W K J F K G P K L
J I B O V A T Y S U O G M O U G G V L
K T O X Y F G R F M F U I U C C N P U
U J X Q Y G X G T X W B W N C J B H B
X U Z M B D H Z E H X D O D X X C N H
L U G Q F M I I A E H A K O Y R X L Q

ECKENSTEHER   BULLY
KICKRECHT   ABBRUCH
SCHUSSKREIS   ANGRIFF
LANGEECKE   ABSCHLAG
SPIELMACHER   RUECKHAND

Lösung

```
O M V A N X Q H F W W K U A H T E B U
G F E D R E H C A M L E I P S S R W V
X G Y T B C A K R M O I G Q H L E P O
M A G V E L D M J E P K C V W X C G L
F L N F C G M C Y N H Q I X O U W T T
R H F T P B U S E W S E E H C F D D A
U C N F O O R E V H W H T T W T V I O
E S A S C H U S S K R E I S L C T K E
C B P Y O T R D F F T Z R A N S X B D
K A J V F H V F I R V D N D V E V A H
H I N S T T A Z C L S G M T Q Z K N D
A R B F T N P X W X E K W Q G G Q N C A
N P L R G O G I T E Z J S T I V W L E
D D C R S V P H C K O H H I K P Z T V
S K I T M R C K Q O C Z Y W D J Q M Z
B F G C I E F Y U P U T G G H J Q D
F Y H M R I H J R Q M U A V L A M L O
Z L T K O N U B D E V H J U F J I O Y
N C C Q C Q B I Z B W K J F K G P K L
J I B O V A T Y S U O G M O U G G V L
K T O X Y F G R F M F U I U C C N P U
U J X Q Y G X G T X W B W N C J B H B
X U Z M B D H Z E H X D O D X X C N H
L U G Q F M I I A E H A K O Y R X L Q
```

```
G Z T A A M R T A M R Q R J B Z T D I
M V X X I F U G Y L I H A L Q I M D Y
K O G V G Z U N F E T H J U L F V X T
L A O L N I D T J R D K D G G A K H H
I T C Q U H H Y Z C J B R I T L B C L
C S Y A B U E E I P R U C L W V C U F
X C Q T E D A B J U N Z V L X N T T Y
X H A O U J H N E D D X A J S U Z K E
G N C A E E P U L B A M U O U X A U H
G E Y S J A J I N X A J Q G I N Q Z B
Y L I H E R N V X D F L Q Z V W G L T
A L D T M I Y N V V E N L V I K W O B
Z K H W E A Z V O D I K W W B D Y A P
E R G F V M W U J I N D U M M E R M V
O A O D Z U V Y Z W D O X R O C J O I
P F L P G S G A J I U A D O V K Z B I
P T T E F K E N R B N Y T X S E G D D
X V G M O G B E O Q X W X S X N Q T W
T X O G B B P V H R W X I V A O E J Z
B E G R E N Z U N G S L I N I E P C N
B Y F V Q B Q F B H C F N U D G A A Q
E U W Z C Q N X X B R F R F B H I O
Z P E M H S Y I P N D X U H G L G J G
F U Y L W A R G E N T I N I S C H L Z
```

4

BALL
STADION
HEBEBALL
HUNDEKURVE
ARGENTINISCH

DECKEN
SCHNELLKRAFT
GRUNDLINIE
UEBUNG
BEGRENZUNGSLINIE

Lösung

```
G Z T A A M R T A M R Q R J B Z T D I
M V X X I F U G Y L I H A L Q I M D Y
K O G V G Z U N F E T H J U L F V X T
L A O L N I D T J R D K D G G A K H H
I T C Q U H H Y Z C J B R I T L B C L
C S Y A B U E E I P R U C L W V C U F
X C Q T E D A B J U N Z V L X N T T Y
X H A O U J H N E D D X A J S U Z K E
G N C A E P U L B A M U O U X A U H
G E Y S J A J I N X A J Q G I N Q Z B
Y L I H E R N V X D F L Q Z V W G L T
A L D T M I Y N V V E N L V I K W O B
Z K H W E A Z V O D I K W W B D Y A P
E R G F V M W U J I N D U M M E R M V
O A O D Z U V Y Z W D O X R O C J O I
P F L P G S G A J I U A D O V K Z B I
P T T E F K E N R B N Y T X S E G D D
X V G M O G B E O Q X W X S X N Q T W
T X O G B B P V H R W X I V A O E J Z
B E G R E N Z U N G S L I N I E P C N
B Y F V Q B Q F B H C F N U D G A A Q
E U W Z C Q N X X X B R F R F B H I O
Z P E M H S Y I P N D X U H G L G J G
F U Y L W A R G E N T I N I S C H L Z
```

```
V Q C E L X E V K Y E P J Z H M B Y P
T X I Y V W K Z O W S T C L N K K E U
N C W E P Y E I N E Q T Z F E L U M E
P S V I I B R Q T L G Y Z H Q F V M C
P Y U R D A P X E T K E G A O F Q I J
M I O A J J R A R K F S U Y J M E I D
A H X P N E L M V L T G I M K M B B U
M C R S Y E E W Q A R X I O G K K R A
T M L K U X T U S S O A R U D Z O H M
A Q I W F E M I V S P Y W H H B U A L
X E I X C L C I E E H G N X O D B G X
M B S K H T R K P S A I V I C D R K O
Z G I O W K H U E D E W V D Z B X N U
F A C L V E C Z O N E N L D O F J I U
O H W F Z D Q S H F S X W C Z W E J U
U G E P T M Y R A Q L C C J L O C D I
R T B A E D N I B M R A H L F U L E P
S Q H B F W J P L O S J N U X M H G Y
P Z K H T S X L J K B X B I E T L M X
I Z M W A T L W I Y I H G P F T Z K R
E O P I G E L E C Q N C P J V A Z Q L
L E B G B S R B N H K E K E T X J E M
G B J A V P W P B D L I D E J M R W T
A B N F K Y F L E G Z B C R R C Q B W
```

5

HOCH
KONTER
WELTKLASSE
TROPHAEE
KICKER

SEITENAUS
FINALFOUR
ARMBINDE
ECKENSCHUETZE
FOURSPIEL

V	Q	C	E	L	X	E	V	K	Y	E	P	J	Z	H	M	B	Y	P
T	X	I	Y	V	W	K	Z	O	W	S	T	C	L	N	K	K	E	U
N	C	W	E	P	Y	E	I	N	E	Q	T	Z	F	E	L	U	M	E
P	S	V	I	I	B	R	Q	T	L	G	Y	Z	H	Q	F	V	M	C
P	Y	U	R	D	A	P	X	E	T	K	E	G	A	O	F	Q	I	J
M	I	O	A	J	J	R	A	R	K	F	S	U	Y	J	M	E	I	D
A	H	X	P	N	E	L	M	V	L	T	G	I	M	K	M	B	B	U
M	C	R	S	Y	E	E	W	Q	A	R	X	I	O	G	K	K	R	A
T	M	L	K	U	X	T	U	S	S	O	A	R	U	D	Z	O	H	M
A	Q	I	W	F	E	M	I	V	S	P	Y	W	H	H	B	U	A	L
X	E	I	X	C	L	C	I	E	E	H	G	N	X	O	D	B	G	X
M	B	S	K	H	T	R	K	P	S	A	I	V	I	C	D	R	K	O
Z	G	I	O	W	K	H	U	E	D	E	W	D	Z	B	X	N	U	
F	A	C	L	V	E	C	Z	O	N	E	N	L	D	O	F	J	I	U
O	H	W	F	Z	D	Q	S	H	F	S	X	W	C	Z	W	E	J	U
U	G	E	P	T	M	Y	R	A	Q	L	C	C	J	L	O	C	D	I
R	T	B	A	E	D	N	I	B	M	R	A	H	L	F	U	L	E	P
S	Q	H	B	F	W	J	P	L	O	S	J	N	U	X	M	H	G	Y
P	Z	K	H	T	S	X	L	J	K	B	X	B	I	E	T	L	M	X
I	Z	M	W	A	T	L	W	I	Y	H	G	P	F	T	Z	K	R	
E	O	P	I	G	E	L	E	C	Q	N	C	P	J	V	A	Z	Q	L
L	E	B	G	B	S	R	B	N	H	K	E	K	E	T	X	J	E	M
G	B	J	A	V	P	W	P	B	D	L	I	D	E	J	M	R	W	T
A	B	N	F	K	Y	F	L	E	G	Z	B	C	R	R	C	Q	B	W

```
R E L E I P S R E T N O K E K P A L Z
B V G J O E H W C O X W J R Z H M F S
G C C L T P G T C R K R M I I Y F I I
H O M W F M T X L A Q A D K N J W I E
T O F T X O J A V Y P L D H Y H L P G
R M G N Q G E H C A R P S N A O D I E
O F F O F N D M L V G U T J U R E N S
S L L N D T I G F V E I N I L R O T W
G V P K I B B W V F F T P P P J I R U I
N Y L T Y L W Y V Z G F F B T E U U L
U S B M V L K L I N D M V A R U F Z L
G I R Z Y L A W E L G I V Q M R A N E
A H P T A F P H Y F Y I D X W J M I Y
R Z S R Z Q D F U M T O I D T B C R F
T E J A D L A J X O B A R G P V X J M
S Z R W X X P R M Y B G T E W V X S I
U Q Q R Z B E R M A H N U N G J A D I
A I L O Z U T X C H L L T M U T M C N
X V P T O W K H S J L V X N N J L S N
N B X O G T U T N D N H X D B L B I P
U V X C S C H I E B E B A L L D E U R
R E U K X D L E F B L A H R J D R J Z
G F V Z C D O C G P X J G C Y G W Y W
H J F X C Y R R H R G C F G Q A U R I
```

TORLINIE
ANSPRACHE
TORWART
SCHIEBEBALL
MOTIVATION

KONTERSPIELER
HALBFELD
ERMAHNUNG
AUSTRAGUNGSORT
SIEGESWILLE

Lösung

```
R E L E I P S R E T N O K E K P A L Z
B V G J O E H W C O X W J R Z H M F S
G C C L T P G T C R K R M I I Y F I I
H O M W F M T X L A Q A D K N J W I E
T O F T X O J A V Y P L D H Y H L P G
R M G N Q G E H C A R P S N A O D I E
O F F O F N D M L V G U T J U R E N S
S L L N D T I G F V E I N I L R O T W
G V P K I B B W V F F T P P J I R U I
N Y L T Y L W Y V Z G F F B T E U U L
U S B M V L K L I N D M V A R U F Z L
G I R Z Y L A W E L G I V Q M R A N E
A H P T A F P H Y F Y I D X W J M I Y
R Z S R Z Q D F U M T O I D T B C R F
T E J A D L A J X O B A R G P V X J M
S Z R W X X P R M Y B G T E W V X S I
U Q Q R Z B E R M A H N U N G J A D I
A I L O Z U T X C H L L T M U T M C N
X V P T O W K H S J L V X N N J L S N
N B X O G T U T N D N H X D B L B I P
U V X C S C H I E B E B A L L D E U R
R E U K X D L E F B L A H R J D R J Z
G F V Z C D O C G P X J G C Y G W W W
H J F X C Y R R H R G C F G Q A U R I
```

N	J	B	M	G	S	E	H	Q	D	N	G	A	B	G	Z	S	S	N
W	L	M	D	P	Q	K	V	R	K	H	S	V	O	N	Z	S	F	P
D	B	L	O	F	U	C	L	F	C	V	R	I	J	W	Y	M	G	N
K	W	W	N	Y	G	E	Z	S	D	I	X	F	E	M	X	B	O	Z
O	U	I	G	V	G	E	F	Y	T	P	X	A	J	G	U	I	Y	G
U	U	O	D	M	U	Z	W	H	Y	P	D	R	H	U	T	S	D	M
K	Q	R	I	Z	U	R	J	H	S	J	B	F	W	A	E	L	B	S
T	H	X	I	D	U	U	M	T	L	Y	D	N	N	P	Z	O	N	R
N	T	D	K	O	G	K	R	N	Y	Y	F	I	K	I	R	T	Q	E
A	C	C	H	G	Z	A	M	J	L	B	D	N	E	G	A	R	L	G
M	D	W	N	I	F	G	S	P	E	R	S	H	A	R	B	K	P	E
T	H	Y	X	E	S	W	U	R	O	U	E	C	H	L	S	W	M	L
A	X	I	S	R	C	J	O	O	J	R	G	D	I	U	W	G	Z	V
K	U	B	W	D	H	B	K	B	D	R	B	V	K	J	V	T	Q	E
V	A	Z	C	Y	L	P	Z	P	D	E	S	R	W	W	I	A	H	R
Y	T	P	N	M	A	A	E	A	B	H	T	F	F	S	S	C	M	S
F	P	P	Y	O	G	Q	I	F	A	L	R	R	E	Y	D	E	E	T
X	K	K	E	S	T	J	T	C	U	F	K	B	A	T	U	Q	S	O
Y	K	G	D	L	E	P	S	M	J	N	L	L	Y	I	S	U	M	S
S	A	V	E	F	C	R	T	S	G	L	J	A	E	K	N	C	A	S
C	P	L	V	Y	H	B	O	J	A	H	H	X	T	C	K	I	D	R
F	X	O	B	U	N	L	P	B	L	Y	X	D	H	G	C	H	N	W
B	P	L	Z	A	I	B	P	W	X	U	O	J	F	W	O	L	R	G
S	F	W	Q	Y	K	H	E	T	U	K	X	K	U	R	P	C	U	A

7

BALLBESITZ
ZEITSTOPP
SCHLAGTECHNIK
REGELVERSTOSS
KOORDINATION

SIEG
STRAFE
KURZEECKE
TRAINING
ZIEHER

Lösung

```
N  J  B  M  G  S  E  H  Q  D  N  G  A  B  G  Z  S  S  N
W  L  M  D  P  Q  K  V  R  K  H  S  V  O  N  Z  S  F  P
D  B  L  O  F  U  C  L  F  C  V  R  I  J  W  Y  M  G  N
K  W  W  N  Y  G  E  Z  S  D  I  X  F  E  M  X  B  O  Z
O  U  I  G  V  G  E  F  Y  T  P  X  A  J  G  U  I  Y  G
U  U  O  D  M  U  Z  W  H  Y  P  D  R  H  U  T  S  D  M
K  Q  R  I  Z  U  R  J  H  S  J  B  F  W  A  E  L  B  S
T  H  X  I  D  U  U  M  T  L  Y  D  N  N  P  Z  O  N  R
N  T  D  K  O  G  K  R  N  Y  Y  F  I  K  I  R  T  Q  E
A  C  C  H  G  Z  A  M  J  L  B  D  N  E  G  A  R  L  G
M  D  W  N  I  F  G  S  P  E  R  S  H  A  R  B  K  P  E
T  H  Y  X  E  S  W  U  R  O  U  E  C  H  L  S  W  M  L
A  X  I  S  R  C  J  O  O  J  R  G  D  I  U  W  G  Z  V
K  U  B  W  D  H  B  K  B  D  R  B  V  K  J  V  T  Q  E
V  A  Z  C  Y  L  P  Z  P  D  E  S  R  W  W  I  A  H  R
Y  T  P  N  M  A  A  E  A  B  H  T  F  F  S  S  C  M  S
F  P  P  Y  O  G  Q  I  F  A  L  R  R  E  Y  D  E  E  T
X  K  K  E  S  T  J  T  C  U  F  K  B  A  T  U  Q  S  O
Y  K  G  D  L  E  P  S  M  J  N  L  L  Y  I  S  U  M  S
S  A  V  E  F  C  R  T  S  G  L  J  A  E  K  N  C  A  S
C  P  L  V  Y  H  B  O  J  A  H  H  X  T  C  K  I  D  R
F  X  O  B  U  N  L  P  B  L  Y  X  D  H  G  C  H  N  W
B  P  L  Z  A  I  B  P  W  X  U  O  J  F  W  O  L  R  G
S  F  W  Q  Y  K  H  E  T  U  K  X  K  U  R  P  C  U  A
```

```
A V R R E G V Y O P I T D P C Y Z F Y
E A W C T G V U L U W N H G F U S S B
H X M K D F N Q H T N Z T A Z C L H J
V H T M K G F A I R Z T H A V O A A W
M E A K W L T O H F H N A O F C H A I
H O C T O A N D R C E I G K N Y D Y P
M R G N O U H E N N R G X B G N U Q L
N H V Z Q V O S S T F E D Y P B Y O R
M I C F Y C E T R C S D T P T H F C I
T V G U F F A O Z F E S O N U A A C P
R X N I M N K R X C I F K J I N F P Q
Q K U V G Y A L P R I A F J B D S K H
B R G E H D D S F V M U N T K Q E P T
R O I W J N R E L H E F L E S H C E W
E J D N C Y K Y S O H P T Q K F T T S
R K I F O O O P L H U M U Y I K D T P
E G E F G H D P A G O Y D L Y I O V Y
I V T L N Y Z L V L L O Y R X H R Z G
L R R W E U K M V F B M T G K I Q F I
R J E U N W U F G S R G L O N E Y J S
E S V E H L P S H K O H S Y U G O T Z
V Q G Z E Y T X C A Z B U H F T O P I
T N M Q D C W U Z K M V I R W C T N I
M D E T S D C D I X I P L M K N S W H
```

WECHSELFEHLER   VERLIERER
FAIRPLAY   INTERCHANGE
STOCK   SHOOTOUT
FUSS   FAHNENSTANGE
DEHNEN   VERTEIDIGUNG

Lösung

A	V	R	R	E	G	V	Y	O	P	I	T	D	P	C	Y	Z	F	Y
E	A	W	C	T	G	V	U	L	U	W	N	H	G	F	U	S	S	B
H	X	M	K	D	F	N	Q	H	T	N	Z	T	A	Z	C	L	H	J
V	H	T	M	K	G	F	A	I	R	Z	T	H	A	V	O	A	A	W
M	E	A	K	W	L	T	O	H	F	H	N	A	O	F	C	H	A	I
H	O	C	T	O	A	N	D	R	C	E	I	G	K	N	Y	D	Y	P
M	R	G	N	O	U	H	E	N	N	R	G	X	B	G	N	U	Q	L
N	H	V	Z	Q	V	O	S	S	T	F	E	D	Y	P	B	Y	O	R
M	I	C	F	Y	C	E	T	R	C	S	D	T	P	T	H	F	C	I
T	V	G	U	F	F	A	O	Z	F	E	S	O	N	U	A	A	C	P
R	X	N	I	M	N	K	R	X	C	I	F	K	J	I	N	F	P	Q
Q	K	U	V	G	Y	A	L	P	R	I	A	F	J	B	D	S	K	H
B	R	G	E	H	D	D	S	F	V	M	U	N	T	K	Q	E	P	T
R	O	I	W	J	N	R	E	L	H	E	F	L	E	S	H	C	E	W
E	J	D	N	C	Y	K	Y	S	O	H	P	T	Q	K	F	T	T	S
R	K	I	F	O	O	O	P	L	H	U	M	U	Y	I	K	D	T	P
E	G	E	F	G	H	D	P	A	G	O	Y	D	L	Y	I	O	V	Y
I	V	T	L	N	Y	Z	L	V	L	L	O	Y	R	X	H	R	Z	G
L	R	R	W	E	U	K	M	V	F	B	M	T	G	K	I	Q	F	I
R	J	E	U	N	W	U	F	G	S	R	G	L	O	N	E	Y	J	S
E	S	V	E	H	L	P	S	H	K	O	H	S	Y	U	G	O	T	Z
V	Q	G	Z	E	Y	T	X	C	A	Z	B	U	H	F	T	O	P	I
T	N	M	Q	D	C	W	U	Z	K	M	V	I	R	W	C	T	N	I
M	D	E	T	S	D	C	D	I	X	I	P	L	M	K	N	S	W	H

```
W  R  E  G  E  L  N  H  B  X  P  G  B  I  E  R  L  M  V
P  D  B  L  U  Z  E  W  F  E  H  U  B  S  E  O  M  B  U
K  G  J  E  V  Y  U  N  I  S  H  O  P  O  G  T  Z  P  U
N  M  N  Q  I  L  Y  E  M  W  J  I  H  Q  K  E  S  E  B
J  X  Z  U  C  C  E  R  O  T  E  K  A  R  T  E  T  G  C
Q  B  U  O  R  B  W  L  C  L  H  C  B  F  Z  M  R  D  T
O  Q  K  A  Y  E  J  H  B  W  U  N  A  Y  T  Z  A  W  W
Y  U  W  B  F  X  G  E  F  X  D  H  Q  V  L  L  T  C  Y
G  O  Y  Q  X  B  G  N  F  G  C  E  H  A  U  S  E  S  F
P  M  Q  R  J  I  G  P  E  S  W  K  I  S  E  R  G  X  N
F  S  L  R  N  Z  S  N  N  A  P  F  S  Y  J  E  I  E  H
F  D  W  N  O  W  U  N  V  D  L  U  C  C  I  I  E  R  I
Z  Z  R  W  W  D  A  S  Q  I  H  R  E  E  F  N  I  B  T
O  L  O  R  P  M  A  G  C  C  T  W  E  H  P  G  D  C  T
E  N  N  F  F  X  N  Z  S  H  R  L  S  V  F  E  R  L  C
K  M  N  Q  H  F  P  R  A  I  A  F  W  O  C  B  I  W  S
K  D  Q  P  X  X  O  M  X  U  T  U  A  A  J  E  K  W  F
Z  M  V  G  T  T  F  F  I  U  B  G  E  M  M  R  H  N  Q
I  R  H  Y  P  A  Q  R  R  C  I  Q  O  R  B  F  I  F  I
D  V  Q  E  P  T  S  W  E  L  U  S  Q  S  D  M  T  U  A
X  K  R  Y  I  F  T  A  O  M  G  C  X  U  T  N  E  O  F
I  N  N  E  N  B  A  H  N  N  R  Q  J  H  W  D  P  S  Z
T  U  W  F  W  D  Q  M  J  V  O  E  W  S  A  J  Z  X  A
L  T  E  Q  F  Z  G  Z  X  O  T  P  F  W  U  L  K  Z  D
```

TORSCHUSS	REGELN
MANNSCHAFT	ROTEKARTE
STRATEGIE	INNENBAHN
ZUSCHAUER	SPIELBEGINN
VERLAENGERUNG	REINGEBER

Lösung

```
W  R  E  G  E  L  N  H  B  X  P  G  B  I  E  R  L  M  V
P  D  B  L  U  Z  E  W  F  E  H  U  B  S  E  O  M  B  U
K  G  J  E  V  Y  U  N  I  S  H  O  P  O  G  T  Z  P  U
N  M  N  Q  I  L  Y  E  M  W  J  I  H  Q  K  E  S  E  B
J  X  Z  U  C  C  E  R  O  T  E  K  A  R  T  E  T  G  C
Q  B  U  O  R  B  W  L  C  L  H  C  B  F  Z  M  R  D  T
O  Q  K  A  Y  E  J  H  B  W  U  N  A  Y  T  Z  A  W  W
Y  U  W  B  F  X  G  E  F  X  D  H  Q  V  L  L  T  C  Y
G  O  Y  Q  X  B  G  N  F  G  C  E  H  A  U  S  E  S  F
P  M  Q  R  J  I  G  P  E  S  W  K  I  S  E  R  G  X  N
F  S  L  R  N  Z  S  N  N  A  P  F  S  Y  J  E  I  E  H
F  D  W  N  O  W  U  N  V  D  L  U  C  C  I  I  E  R  I
Z  Z  R  W  W  D  A  S  Q  I  H  R  E  E  F  N  I  B  T
O  L  O  R  P  M  A  G  C  C  T  W  E  H  P  G  D  C  T
E  N  N  F  F  X  N  Z  S  H  R  L  S  V  F  E  R  L  C
K  M  N  Q  H  F  P  R  A  I  A  F  W  O  C  B  I  W  S
K  D  Q  P  X  X  O  M  X  U  T  U  A  A  J  E  K  W  F
Z  M  V  G  T  F  F  I  U  B  G  E  M  M  R  H  N  Q
I  R  H  Y  P  A  Q  R  R  C  I  Q  O  R  B  F  I  I
D  V  Q  E  P  T  S  W  E  L  U  S  Q  S  D  M  T  U  A
X  K  R  Y  I  F  T  A  O  M  G  C  X  U  T  N  E  O  F
I  N  N  E  N  B  A  H  N  N  R  Q  J  H  W  D  P  S  Z
T  U  W  F  W  D  Q  M  J  V  O  E  W  S  A  J  Z  X  A
L  T  E  Q  F  Z  G  Z  X  O  T  P  F  W  U  L  K  Z  D
```

```
W R Z T F A X A W D L W I S E J F U N
H T C V D M V M E J M V G C I H J S P
H I U Z E O Z M H K T Z L H S G P I J
V X R O Q J O X X L Y I T W B R L A Y
Y Q A E Z I E B J F G V J W R U D U G
V J Z G V B M W Y X T J O U V E G V O
K B J H Y Q Q G X H N N O Z E N B T H
U H H H S D T G N J P M B M B E E B O
X E W Y I N T E R V I E W F W K H E E
Q K Q G D H X B O J Z P I T N A J Q R
U W B R A W V G G F Y Q R X L R O R E
H P Q U I L Y W E R M V T P R T G R F
W T M A O R H L E I U J J T O E G K U
P J Y B C E G C E R T I O M M V J N E
E K M F H F F M S I M S X Y A H O B A
O B V U R I F J K K P G B M H H D E L
A M M A K E S S N F C S V A H Z I Q S
T M D L L R Z A S E O O P O D C B G U
Z N L E B G Q N H M A E T O H N R H A
V C K I Q N N W E S S T P S T E B C R
O G J P H A L S J L B Q I Y G K S V H
B B A S K O Z R I H H X Q P O X U Z M
V Y U X P T R W W F K C R L A N Z I X
L D A L L B N U S W U O S U T K V D W
```

10

TOPSPIEL

SPIELAUFBAU

RAUSLAEUFER

KAPITAEN

INTERVIEW

STOCKSCHLAG

SCHLENZER

ANGREIFER

GRUENEKARTE

ABSTIEG

Lösung

```
W R Z T F A X A W D L W I S E J F U N
H T C V D M V M E J M V G C I H J S P
H I U Z E O Z M H K T Z L H S G P I J
V X R O Q J O X X L Y I T W B R L A Y
Y Q A E Z I E B J F G V J W R U D U G
V J Z G V B M W Y X T J O U V E G V O
K B J H Y Q Q G X H N N O Z E N B T H
U H H H S D T G N J P M M B M E E B O
X E W Y I N T E R V I E W F W K H E E
Q K Q G D H X B O J Z P I T N A J Q R
U W B R A W V G G F Y Q R X L R O R E
H P Q U I L Y W E R M V T P R T G R F
W T M A O R H L E I U J J T O E G K U
P J Y B C E G C E R T I O M M V J N E
E K M F H F F M S I M S X Y A H O B A
O B V U R I F J K K P G B M H H D E L
A M M A K E S S N F C S V A H Z I Q S
T M D L L R Z A S E O O P O D C B G U
Z N L E B G Q N H M A E T O H N R H A
V C K I Q N N W E S S T P S T E B C R
O G J P H A L S J L B Q I Y G K S V H
B B A S K O Z R I H H X Q P O X U Z M
V Y U X P T R W W F K C R L A N Z I X
L D A L L B N U S W U O S U T K V D W
```

```
Y A D J E Q A Z G X M Q J B U J O H H
S N D L W E O E W W E V C I W U G P P
C S I P I L K H K W T H Z T U Q Y K N
I V L H E I O O A S O E S U V Z H A R
D N U N D J T U K X I E D R K C N L Q
F E O N X P A Q V M U E X E U W P H R
S R K N F O K B O C I K N D A M O O E
S R O X M Z T K W N H W Q N N A G E L
N E N L Y P I R I M K O C I G E R U H
K P Z V S K K L N A B E J K R G L B E
Q S T U O L L J D I E D A L I J H L F
R L U H X E F V X R Y D Y L F I N Z I
J L O W T H G D O J D B V A F H M L X
R A M R R S F F C L D G E B S O Q R Q
O B E F P Z C Y T Z D L R E S V D T C
Z I Y W T J T H A H H Y L M P V Z M J
V Q Y H U K N M I Z I X U H I Z G P A
N V F R K Z C R C E O T S E E K U F W
Z Y E N W E R O E Q B N T R L X U B D
R G E S L Z K B Y F F E P O E L E S G
O Y H F S C H L E N Z E N T R U C C A
D L Z N P B J V P R C W D Z G W A E A
D E E S W D K B Y M Y R U Z J Q H K A
F T Q P R C W G J R U U G Z C M W Z R
```

11

SCHIEBEN

FEHLER

BALLSPERRE

TORE

VERLUST

TAKTIK

VIERTELLINIE

ANGRIFFSSPIELER

SCHLENZEN

BALLKINDER

Lösung

```
Y A D J E Q A Z G X M Q J B U J O H H
S N D L W E O E W W E V C I W U G P P
C S I P I L K H K W T H Z T U Q Y K N
I V L H E I O O A S O E S U V Z H A R
D N U N D J T U K X I E D R K C N L Q
F E O N X P A Q V M U E X E U W P H R
S R K N F O K B O C I K N D A M O O E
S R O X M Z T K W H W Q N A G E L L
N E N L Y P I R I M K O C I G E R U H
K P Z V S K K L N A B E J K R G L B E
Q S T U O L L J D I E D A L I J H L F
R L U H X E F V X R Y D Y L L F I N Z I
J L O W T H G D O J D B V A F H M L X
R A M R R S F F C L D G E B S O Q R Q
O B E F P Z C Y T Z D L R E S V D T C
Z I Y W T J T H A H H Y L M P V Z M J
V Q Y H U K N M I Z I X U H I Z G P A
N V F R K Z C R C E O T S E E K U F W
Z Y E N W E R O E Q B N T R L X U B D
R G E S L Z K B Y F F E P O E L E S G
O Y H F S C H L E N Z E N T R U C C A
D L Z N P B J V P R C W D Z G W A E A
D E E S W D K B Y M Y R U Z J Q H K A
F T Q P R C W G J R U U G Z C M W Z R
```

```
T U D M Q R T H D J G Q A M L L C J I
M N A O C T I X G E O P J M O A K U V
X P T P Y M T P S A H M K P K B J H S
N V U J V Y J F M T U O S A D S L G T
Y B V P Y Z G S E J Y T M E L X T J Q
O Z Z T A C X R N P S R T C A D F Q P
E N L O R M Z A M C H B T I O K C S E
W A V E B W M Y I C F H C T G I G D K
I L W M I R V V M E Z S T N N N X F Z
V F D N Z P I W L T D S E Y E B G Y O
L J V M K N S D I C O G J F D R K O Q
G E S E S O S S P U E K L Y L E Y Y T
J T S P F P U O E L K I I W O T Z J S
M I T H I K G S T R N C M R G T C T R
B Z T E C R E T I I I P P U T S K O X
L H L M T E E O E X U A Z E N P A Z Y
G E D X Z R W N G B B P F S A I A F R
R H E P B C V R B W A V V N T E K D T
D D J D U B W Y E E U D W B U L J U Y
S R G T X J H W P L R I M I F E Q W Y
F F L Q D W K N L K E W A D Q N R U Y
M F Z O S N M L M F J I Q G R W E E G
S T E C H E R Y Q Z A C P P W D A D G
A S M A U F S T I E G A B S G Z I C A
```

12

GOLDENGOAL   BRETTLEGEN

AUFSTIEG   LINIEN

TRIKOT   SPIELERWECHSEL

FELDSPIELER   UNFAIRESSPIEL

STECHER   INBRETTSPIELEN

Lösung

```
T U D M Q R T H D J G Q A M L L C J I
M N A O C T I X G E O P J M O A K U V
X P T P Y M T P S A H M K P K B J H S
N V U J V Y J F M T U O S A D S L G T
Y B V P Y Z G S E J Y T M E L X T J Q
O Z Z T A C X R N P S R T C A D F Q P
E N L O R M Z A M C H B T I O K C S E
W A V E B W M Y I C F H C T G I G D K
I L W M I R V V M E Z S T N N X F Z
V F D N Z P I W L T D S E Y E B G Y O
L J V M K N S D I C O G J F D R K O Q
G E S E S O S S P U E K L Y L E Y Y T
J T S P F P U O E L K I I W O T Z J S
M I T H I K G S T R N C M R G T C T R
B Z T E C R E T I I I P P U T S K O X
L H L M T E E O E X U A Z E N P A Z Y
G E D X Z R W N G B B P F S A I A F R
R H E P B C V R B W A V N T E K D T
D D J D U B W Y E E U D W B U L J U Y
S R G T X J H W P L R I M I F E Q W Y
F F L Q D W K N L K E W A D Q N R U Y
M F Z O S N M L M F J I Q G R W E E G
S T E C H E R Y Q Z A C P P W D A D G
A S M A U F S T I E G A B S G Z I C A
```

I	M	V	Y	G	F	P	M	S	K	D	V	C	L	L	Q	W	Q	U
P	I	O	C	N	E	M	E	Q	A	O	V	R	Q	K	N	V	P	C
F	N	O	E	U	J	H	V	H	T	W	W	V	H	P	Q	W	M	L
N	E	N	M	D	Z	J	B	X	N	O	W	H	S	K	D	E	U	R
S	C	K	N	I	X	T	S	X	Y	J	Y	Y	A	N	L	W	A	V
Y	R	F	D	E	B	S	U	G	T	P	X	B	A	Y	I	Q	N	B
C	U	S	A	H	U	U	H	V	K	J	A	T	Z	T	H	L	W	A
F	N	J	B	C	T	C	N	O	O	S	S	D	X	F	M	O	P	N
U	J	C	D	S	O	X	G	Q	U	L	W	N	J	A	S	N	M	V
V	D	Z	H	T	R	K	I	R	E	T	U	P	F	H	R	A	N	X
Y	E	Y	B	N	N	J	B	I	W	K	O	A	Y	C	L	J	G	M
F	A	N	S	E	L	W	P	R	N	T	S	U	K	S	U	H	S	Z
Q	M	H	N	G	D	S	F	D	S	K	A	R	T	R	C	P	O	B
G	E	L	B	E	K	A	R	T	E	D	A	N	A	E	N	I	E	E
E	D	A	G	K	P	X	T	J	G	F	W	E	X	T	F	Q	P	I
S	D	X	A	C	Y	X	U	N	T	V	A	C	P	S	C	Y	H	N
U	F	U	T	H	W	X	U	T	N	R	F	U	Z	I	K	Z	B	A
N	G	O	B	V	U	Z	R	C	Y	Y	Z	M	V	E	Y	F	A	P
D	D	T	P	L	T	A	J	E	H	Y	W	D	S	M	D	G	V	U
H	Y	U	F	E	I	O	D	F	N	M	Q	C	F	U	T	T	U	A
E	M	P	L	N	M	R	U	P	V	T	M	D	X	X	L	E	E	W
I	A	R	I	Z	H	R	G	F	T	G	T	V	H	W	E	J	O	G
T	E	N	R	B	G	W	W	R	E	T	S	I	E	M	T	L	E	W
V	G	S	S	D	Q	I	Q	C	L	Q	N	H	C	T	U	W	B	W

13

VERLETZUNG
MEISTERSCHAFT
ENTSCHEIDUNG
GELBEKARTE
FANS

SHOUTOUT
SPIELSTAND
WELTMEISTER
GESUNDHEIT
KRAFTTRAINING

Lösung

```
I  M  V  Y  G  F  P  M  S  K  D  V  C  L  L  Q  W  Q  U
P  I  O  C  N  E  M  E  Q  A  O  V  R  Q  K  N  V  P  C
F  N  O  E  U  J  H  V  H  T  W  W  V  H  P  Q  W  M  L
N  E  N  M  D  Z  J  B  X  N  O  W  H  S  K  D  E  U  R
S  C  K  N  I  X  T  S  X  Y  J  Y  Y  A  N  L  W  A  V
Y  R  F  D  E  B  S  U  G  T  P  X  B  A  Y  I  Q  N  B
C  U  S  A  H  U  U  H  V  K  J  A  T  Z  T  H  L  W  A
F  N  J  B  C  T  C  N  O  O  S  S  D  X  F  M  O  P  N
U  J  C  D  S  O  X  G  Q  U  L  W  N  J  A  S  N  M  V
V  D  Z  H  T  R  K  I  R  E  T  U  P  F  H  R  A  N  X
Y  E  Y  B  N  N  J  B  I  W  K  O  A  Y  C  L  J  G  M
F  A  N  S  E  L  W  P  R  N  T  S  U  K  S  U  H  S  Z
Q  M  H  N  G  D  S  F  D  S  K  A  R  T  R  C  P  O  B
G  E  L  B  E  K  A  R  T  E  D  A  N  A  E  N  I  E  E
E  D  A  G  K  P  X  T  J  G  F  W  E  X  T  F  Q  P  I
S  D  X  A  C  Y  X  U  N  T  V  A  C  P  S  C  Y  H  N
U  F  U  T  H  W  X  U  T  N  R  F  U  Z  I  K  Z  B  A
N  G  O  B  V  U  Z  R  C  Y  Y  Z  M  V  E  Y  F  A  P
D  D  T  P  L  T  A  J  E  H  Y  W  D  S  M  D  G  V  U
H  Y  U  F  E  I  O  D  F  N  M  Q  C  F  U  T  T  U  A
E  M  P  L  N  M  R  U  P  V  T  M  D  X  X  L  E  E  W
I  A  R  I  Z  H  R  G  F  T  G  T  V  H  W  E  J  O  G
T  E  N  R  B  G  W  W  R  E  T  S  I  E  M  T  L  E  W
V  G  S  S  D  Q  I  Q  C  L  Q  N  H  C  T  U  W  B  W
```

```
F G J T G B E N T D L Z E Q U E R L U
Y R H L D M Y Q F E Z V K M Y E A F B
W W S W M P T A N X E X A I C D M P N
C R J B W Y Q Z D J I F J B T A D O J
V J F I C S I E G E R E H R U N G Q I
O V I P K J J K T Z B C V Z P U T J Y
K S I X E D D H I S K U F R M O E L N
I G F V U F G J E L G S B L V B Z X P
S G E U P C R V A S L L B Z G F S B F
Y T D T E E H R N D Z E N H A I O Z B
P U N K T E S T A N D I A P N F P D T
S F P D Y X G E G J X M D X K Y Q M L
S X F P O Q O A T J L E Q Q N E Q E T
R D E N O H M F G F M A H N L K D F G
Q R D X M C P F Z U H R G X O C G D K
F V E R W A R N U N G P L I Y O A U Q
T M C G N U T S A L E B W W S H J Q R
X E L J A P Q R L W Q V L X D L S U
G F Q L M Y W K K K T P T N O L O B E
M I X A Q C V A H W K F K R C E H V T
X D E G L U E C K W U N S C H F F A W
D N Z W T O W I B X F B N L O P U Y C
F C V T R A W R O T M Z E I N R A H W
R E L E I P S M A E T I M S O X H B S
```

14

PUNKTESTAND
VERWARNUNG
TEAMSPIELER
TORWART
GLUECKWUNSCH

AUFHOLJAGD
SIEGEREHRUNG
FELDHOCKEY
BELASTUNG
PRAEMIE

Lösung

```
F G J T G B E N T D L Z E Q U E R L U
Y R H L D M Y Q F E Z V K M Y E A F B
W W S W M P T A N X E A I C D M P N
C R J B W Y Q Z D J I F J B T A D O J
V J F I C S I E G E R E H R U N G Q I
O V I P K J J K T Z B C V Z P U T J Y
K S I X E D D H I S K U F R M O E L N
I G F V U F G J E L G S B L V B Z X P
S G E U P C R V A S L L B Z G F S B
Y T D T E E H R N D Z E N H A I O Z B
P U N K T E S T A N D I A P N F P D T
S F P D Y X G E G J X M D X K Y Q M L
S X F P O Q O A T J L E Q Q N E Q E T
R D E N O H M F G F M A H N L K D F G
Q R D X M C P F Z U H R G X O C G D K
F V E R W A R N U N G P L I Y O A U Q
T M C G N U T S A L E B W W S H J Q R
X E L J K A P Q R L W Q V L X D L S U
G F Q L M Y W K K K T P T N O L O B E
M I X A Q C V A D H W K F K R C E V T
X D E G L U E C K W U N S C H F F A W
D N Z W T O W I B X F B N L O P U Y C
F C V T R A W R O T M Z E I N R A H W
R E L E I P S M A E T I M S O X H B S
```

```
R O L M D F J V V A T I K F R I O D R
N R V Q R Q O B X L I I F G D P V D V
K Z I I Q Q X V F A E W U W E I V U Y
L D M J V T A K T I S C H E S F O U L
R P T C S Z Q Z G R E I S V K M S F T
L R M N X C Z R J R E W M P P J E C B
X D T J L Q B O F X C R E P O Y M B I
E G T F P N E P T E D E R Z Z G H U E
R N D O W W A J C U D T Y F S E C N E
J U N A O S T B D H R H O E E J R D R
V T M L Y G X J M C L C E B I R U E S
A S Y L A E S I J A M I Q D T E L S A
K E V F O W Q R I L L R D U E N D L T
Q U Q A P F Y V S T I S W Z N N V I Z
Y R D Y N U H K S V J D K B L I Z G S
E S C P Z A I K Y G M E B M I W Y A P
V U C Y G L M C X Y X I B T N E A M I
S A C B M Y U U R N A H O K I G P D E
V Z O K D S Z T D M I C Z P E L P F L
X T Z P E Z M A K S R S U S Z L L W E
C U E H V T K A T N O K L L A B A P R
N H Q A E C N L K N W R Z K M I U Q G
X C H Y I G N A C W D U O U C Z S Z B
C S M B W J C D D J B Z C V I R F U U
```

15

APPLAUS
ERSATZSPIELER
BUNDESLIGA
BALLKONTAKT
SCHIEDSRICHTER

SEITENLINIE
GEWINNER
SCHUTZAUSRUESTUNG
LAUFWEG
TAKTISCHESFOUL

Lösung

```
R O L M D F J V V A T I K F R I O D R
N R V Q R Q O B X L I I F G D P V D V
K Z I I Q Q X V F A E W U W E I V U Y
L D M J V T A K T I S C H E S F O U L
R P T C S Z Q Z G R E I S V K M S F T
L R M N X C Z R J R E W M P P J E C B
X D T J L Q B O F X C R E P O Y M B I
E G T F P N E P T E D E R Z Z G H U E
R N D O W W A J C U D T Y F S E C N R
J U N A O S T B D H R H O E E J R D E
V T M L Y G X J M C L C E B I R U E S
A S Y L A E S I J A M I Q D T E L S A
K E V F O W Q R I L L R D U E N D L T
Q U Q A P F Y V S T I S W Z N N V I Z
Y R D Y N U H K S V J D K B L I I G S
E S C P Z A I K Y G M E B M I W Y A P
V U C Y G L M C X Y X I B T N E A M I
S A C B M Y U U R N A H O K I G P D E
V Z O K D S Z T D M I C Z P E L P F L
X T Z P E Z M A K S R S U S Z L L W E
C U E H V T K A T N O K L L A B A P R
N H Q A E C N L K N W R Z K M I U Q G
X C H Y I G N A C W D U O U C Z S Z B
C S M B W J C D D J B Z C V I R F U U
```

```
E E X U Z D Z S R D I G P W F M X D D
L D T Z O S P I E L F E L D R A N D I
F T T R N Y J B F H G G V C T U A W W
M A F R W D O W I I R L E Q U Q K K P
Z M M A T C H T Z K S E R D G E C Q Z
S E A A T O Z H M X M J N E R O Y D R
W X P W U R X O R L A B K P G I K X V
N Y E H F J I O K W H R V F U M T I D
R B H X U O Z U I R E X U K L N Q J N
T N Y M D T B J W U A A H D G O K J L
Q L C L O W J F Z M V F Y L N L L T V
J O I B Z J L T B B I F T O I E I T A
R K V G K M E I D N C H L O S C B O Z
Z Z Y K K B G W C C V W D H S O G J O
S Q T P A Z A U M D R Z C Z E I H A U
Q R H H Z E W Z T G R E A G R B K X N
L B N P H R W I J E W P B K P B L F U
P W O Q O S E S G N I Z E C S J L F O
P M H B B Z C E H G Z N U L F R D W U
N R C O S S A A F A V S H E R R V C L
T A A U G L B F L G L O F R E R O T O
Q S A N H O L V C O A S X H O U Z K Q
S G S C E P U I G Q H W P S S W L Q E
I X S C F M G I J S Z G K W A R J C F
```

16

SCHLAEGER
AUSZEIT
SPIELFELDRAND
PRESSING
BAHNWECHSEL

EHRENPUNKT
MATCH
GEKREUZTEBAHN
KRAFT
TORERFOLG

Lösung

```
E E X U Z D Z S R D I G P W F M X D D
L D T Z O S P I E L F E L D R A N D I
F T T R N Y J B F H G G V C T U A W W
M A F R W D O W I I R L E Q U Q K K P
Z M M A T C H T Z K S E R D G E C Q Z
S E A A T O Z H M X M J N E R O Y D R
W X P W U R X O R L A B K P G I K X V
N Y E H F J I O K W H R V F U M T I D
R B H X U O Z U I R E X U K L N Q J N
T N Y M D T B J W U A A H D G O K J L
Q L C L O W J F Z M V F Y L N L L T V
J O I B Z J L T B B I F T O I E I T A
R K V G K M E I D N C H L O S C B O Z
Z Z Y K K B G W C C V W D H S O G J O
S Q T P A Z A U M D R Z C Z E I H A U
Q R H H Z E W Z T G R E A G R B K X N
L B N P H R W I J E W P B K P B L F U
P W O Q O S E S G N I Z E C S J L F O
P M H B B Z C E H G Z N U L F R D W U
N R C O S S A A F A V S H E R R V C L
T A A U G L B F L G L O F R E R O T O
Q S A N H O L V C O A S X H O U Z K Q
S G S C E P U I G Q H W P S S W L Q E
I X S C F M G I J S Z G K W A R J C F
```

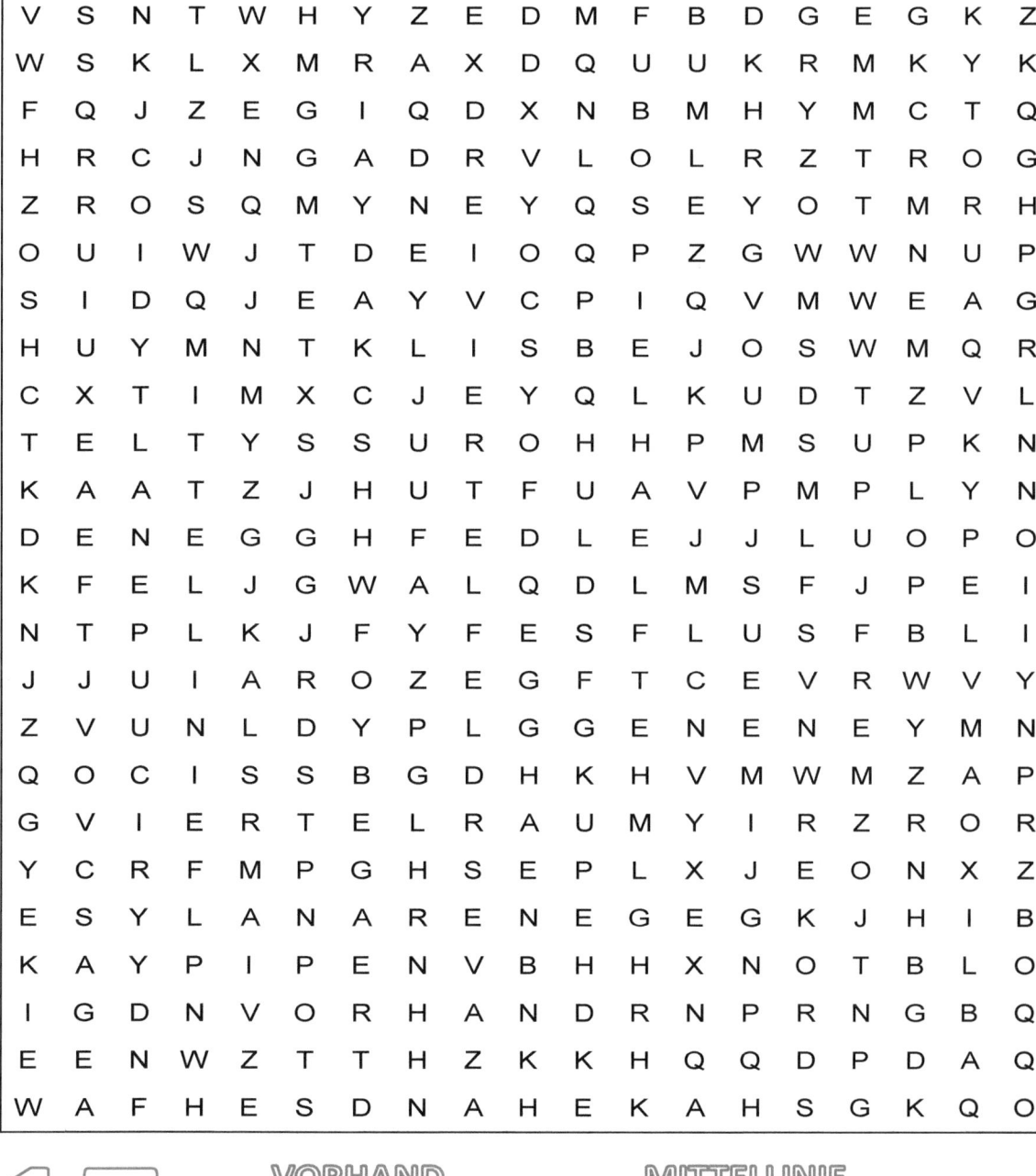

```
V S N T W H Y Z E D M F B D G E G K Z
W S K L X M R A X D Q U U K R M K Y K
F Q J Z E G I Q D X N B M H Y M C T Q
H R C J N G A D R V L O L R Z T R O G
Z R O S Q M Y N E Y Q S E Y O T M R H
O U I W J T D E I O Q P Z G W N U P
S I D Q J E A Y V C P I Q V M W E A G
H U Y M N T K L I S B E J O S W M Q R
C X T I M X C J E Y Q L K U D T Z V L
T E L T Y S S U R O H H P M S U P K N
K A A T Z J H U T F U A V P M P L Y N
D E N E G G H F E D L E J J L U O P O
K F E L J G W A L Q D L M S F J P E I
N T P L K J F Y F E S F L U S F B L I
J J U I A R O Z E G F T C E V R W V Y
Z V U N L D Y P L G G E N E N E Y M N
Q O C I S S B G D H K H V M W M Z A P
G V I E R T E L R A U M Y I R Z R O R
Y C R F M P G H S E P L X J E O N X Z
E S Y L A N A R E N E G E G K J H I B
K A Y P I P E N V B H H X N O T B L O
I G D N V O R H A N D R N P R N G B Q
E E N W Z T T H Z K K H Q Q D P D A Q
W A F H E S D N A H E K A H S G K Q O
```

17

VORHAND
PENALTY
DREIVIERTELFELD
REKORD
SPIELHAELFTE

MITTELLINIE
VIERTELRAUM
SHAKEHANDS
GEGENERANALYSE
TOR

```
V S N T W H Y Z E D M F B D G E G K Z
W S K L X M R A X D Q U U K R M K Y K
F Q J Z E G I Q D X N B M H Y M C T Q
H R C J N G A D R V L O L R Z T R O G
Z R O S Q M Y N E Y Q S E Y O T M R H
O U I W J T D E I O Q P Z G W W N U P
S I D Q J E A Y V C P I Q V M W E A G
H U Y M N T K L I S B E J O S W M Q R
C X T I M X C J E Y Q L K U D T Z V L
T E L T Y S S U R O H P M S U P K N
K A A T Z J H U T F U A V P M P L Y N
D E N E G G H F E D L E J J L U O P O
K F E L J G W A L Q D M L M S F J P E I
N T P L K J F Y F E S F L U S F B L I
J J U I A R O Z E G F T C E V R W V Y
Z V U N L D Y P L G G E N E N E Y M N
Q O C I S S B G D H K H M W M Z A P
G V I E R T E L R A U M Y I R Z R O R
Y C R F M P G H S E P L X J E O N X Z
E S Y L A N A R E N E G E G K J H I B
K A Y P I P E N V B H X N O T B L O
I G D N V O R H A N D R N P R N G B Q
E E N W Z T T H Z K K H Q Q D P D A Q
W A F H E S D N A H E K A H S G K Q O
```

L	A	H	M	D	D	S	K	F	T	N	P	Z	F	U	C	G	A	A
U	V	E	J	R	I	N	S	M	K	H	I	D	J	K	H	L	U	H
J	X	D	N	X	U	N	A	M	U	O	Q	V	J	N	W	Z	S	D
S	T	Y	A	E	P	A	Z	H	X	W	P	A	E	E	K	O	S	Y
T	H	H	U	G	U	C	G	N	K	A	J	G	G	T	D	J	E	C
O	X	P	K	A	L	B	F	C	G	C	A	H	L	S	S	F	N	W
P	N	B	A	J	B	A	I	A	N	L	A	O	R	R	W	O	B	F
P	Y	M	M	Q	T	N	N	R	R	G	N	B	Y	C	N	A	A	Z
E	E	A	F	E	W	S	H	E	T	H	N	A	N	J	Q	I	H	I
R	E	N	Q	V	U	D	H	P	V	L	Q	I	P	A	N	T		
B	P	S	J	O	H	E	H	X	I	N	S	K	W	A	K	F	E	F
W	J	T	U	H	I	X	B	S	M	C	Z	I	V	H	S	N	X	G
S	M	O	T	N	B	L	H	V	W	I	Q	L	T	I	X	N	J	U
P	I	S	C	D	F	W	P	Q	O	V	V	D	C	G	X	N	O	R
I	T	S	B	F	D	V	I	Q	Z	R	L	O	U	W	N	C	X	M
E	H	L	U	O	F	V	I	S	N	E	F	F	O	V	B	A	U	P
L	P	P	T	P	D	M	M	H	G	K	A	L	O	O	N	D	Q	C
S	G	M	B	R	Y	M	L	S	Y	M	C	Q	A	L	B	T	X	U
T	Z	M	E	P	D	E	I	T	V	J	H	B	L	W	Q	M	H	D
R	R	Y	D	W	L	E	F	V	N	Q	F	D	M	O	J	T	Q	C
A	W	F	E	L	R	G	E	S	I	C	H	T	S	M	A	S	K	E
F	G	T	F	P	A	N	B	A	I	A	W	Q	J	H	X	E	E	R
E	I	A	T	K	A	W	W	Q	F	D	G	D	N	Z	S	L	T	M
Y	I	L	Z	Z	S	E	E	L	A	X	T	O	F	A	X	O	P	E

18

TRIBUENE

OFFENSIVFOUL

SPIELSTRAFE

BACKHAND

STOPPER

AUSSENBAHN

GESICHTSMASKE

ANSTOSS

PREISGELD

NIEDERLAGE

```
L A H M D D S K F T N P Z F U C G A A
U V E J R I N S M K H I D J K H L U H
J X D N X U N A M U O Q V J N W Z S D
S T Y A E P A Z H X W P A E E K O S Y
T H H U G U C G N K A J G G T D J E C
O X P K A L B F C G C A H L S S F N W
P N B A J B A I A N L A O R R W O B F
P Y M M Q T N N R R G N B Y C N A A Z
E E A F E W S H E T H N A N J Q I H I
R E N Q V U U D H P B V L Q I P A N T
B P S J O H E X I N S K W A K F E F
W J T U H I X B S M C Z I V H S N X G
S M O T N B L H V W I Q L T I X N J U
P I S C D F W P Q O V V D C G X N O R
I T S B F D V I Q Z R L O U W N C X M
E H L U O F V I S N E F F O V B A U P
L P P T P D M M H G K A L O O N D Q C
S G M B R Y M L S Y M C Q A L B T X U
T Z M E P D E I T V J H B L W Q M H D
R R Y D W L E F V N Q F D M O J T Q C
A W F E L R G E S I C H T S M A S K E
F G T F P A N B A I A W Q J H X E E R
E I A T K A W W Q F D G D N Z S L T M
Y I L Z Z S E E L A X T O F A X O P E
```

Weitere Wortsuchrätsel Bücher von Brian Gagg:

History

1970iger Jahre

1980iger Jahre

1990iger Jahre

1980iger Jahre Retrospaß

1.WELTKRIEG

2.WELTKRIEG

Sport

ANGELN

BADMINTON

BASKETBALL

BOWLING

EISHOCKEY

FALLSCHIRMSPRINGEN

FELDHOCKEY

FUßBALL

GOLF

HANDBALL

MINIGOLF

POKERN

RADSPORT

REITSPORT

SCHACH

SCHWIMMSPORT

SKI SPORT

SPORTARTEN

SQUASH

TENNIS

TISCHTENNIS

VOLLEYBALL

Familie und Beziehungen

MUTTER

VATER

SCHWESTER

BRUDER

OMA

OPA

FREUNDSCHAFT

LIEBESZITATE

Freizeit und Hobbies

GRILLEN

SKAT

URLAUB

SMARTPHONE und HANDY

AUTOMARKEN

BLUMEN

GARTEN

HUNDE

KATZEN

Jahreszeiten und -ereignisse

FRÜHLING

SOMMER

HERBST

WINTER

WEIHNACHTEN

OSTERN

HALLOWEEN

GEBURTSTAG

Religion

BIBELVERSE

Orte

BERLIN

MALLORCA

Sonstiges

GLÜCK

UFO

SCIENCE FICTION

HORROR

KRANKENPFLEGE

KRIMINALITÄT

LEHRER

SCHULE

LUSTIGE SCHIMPFWORTE

Weitere Rätselbücher sind in Vorbereitung

MINECRAFT Bücher von Brian Gagg:

Im **AUSMALBUCH für Minecraft Fans** erwarten dich über 25 Ausmalbilder mit kindgerechten und beliebten Motiven und Figuren aus Minecraft, wie z.B. Steve oder Enderman.

Das **QUIZBUCH für Minecraft Fans** weist viele interessante Fragen rund um das Thema Minecraft auf, mit Lösungen zum Nachdenken oder einfach zum Raten!

Im **BLEISTIFTSPIELE-BUCH für Minecraft Fans** findest du mehr als 20 spannende Spiele die mit Blei- oder Buntstiften für 1 bis 2 Personen zu spielen sind.

Das **RÄTSELBUCH für Minecraft Fans** beinhaltet logische Denkrätsel inspiriert durch Minecraft sowie viele Ausmalbilder.

Im **ENGLISCH ÜBUNGSBUCH für Minecraft Fans** gibt es viele Spiele, Rätsel und Ausmalbilder welche für Kinder im 1./2. Englischlernjahr (i.d.R. 3./4. Klasse) geeignet sind.

Das **WITZEBUCH für Minecraft Fans** enthält viele Bilderwitze, lustige Sprüche, Scherzfragen und abgedrehte Kurzwitze rund um das Thema Minecraft.

Das **SCHERZFRAGEN-BUCH für Minecraft Fans** enthält viele witzige Scherzfragen rund um das Thema Minecraft mit lustigen Antworten zum Schmunzeln und Ablachen!

Im **MATHE AUSMALBUCH für Minecraft Fans** erwarten dich 35 Einmaleins Ausmalbilder (für 1. und 2. Klasse) mit Figuren rund um das Thema Superhelden.

Im **MATHE AUSMALBUCH für Minecraft Fans** erwarten dich 35 Einmaleins Ausmalbilder (für 1. und 2. Klasse) mit Figuren rund um das Thema Minecraft.

Das **AKTIVITÄTSBUCH für Minecraft Fans** hat viele spannende Spiele wie Labyrinthe, Wortsuchspiele, Bildervergleiche, Pixel sowie Punkt-zu-Punkt Ausmalbilder zu bieten.